KLEINE EXPRESSKUCHEN

Backvergnügen in Rekordzeit

Autorin: Karola Wiedemann | Fotos: Fotos mit Geschmack

QUALITÄTS G|U GARANTIE

DIE GU-QUALITÄTS-GARANTIE

Wir möchten Ihnen mit den Informationen und Anregungen in diesem Buch das Leben erleichtern und Sie inspirieren, Neues auszuprobieren. Bei jedem unserer Bücher achten wir auf Aktualität und stellen höchste Ansprüche an Inhalt, Optik und Ausstattung. Alle Rezepte und Informationen werden von unseren Autoren gewissenhaft erstellt und von unseren Redakteuren sorgfältig ausgewählt und mehrfach geprüft. Deshalb bieten wir Ihnen eine 100%ige Qualitätsgarantie.

Darauf können Sie sich verlassen:
Wir legen Wert darauf, dass unsere Kochbücher zuverlässig und inspirierend zugleich sind.
Wir garantieren:

- dreifach getestete Rezepte
- sicheres Gelingen durch Schritt-für-Schritt-Anleitungen und viele nützliche Tipps
- eine authentische Rezept-Fotografie

Wir möchten für Sie immer besser werden:
Sollten wir mit diesem Buch Ihre Erwartungen nicht erfüllen, lassen Sie es uns bitte wissen! Nehmen Sie einfach Kontakt zu unserem Leserservice auf. Sie erhalten von uns kostenlos einen Ratgeber zum gleichen oder ähnlichen Thema. Die Kontaktdaten unseres Leserservice finden Sie am Ende dieses Buches.

GRÄFE UND UNZER VERLAG
Der erste Ratgeberverlag – seit 1722.

INHALT

TIPPS UND EXTRAS

8 SCHLICHT UND FEIN

26 FRISCH UND FRUCHTIG

44 HOCH UND SAHNIG

BLITZ-MÜRBETEIG

100 g kalte Butter | 175 g Mehl | 30 g Zucker | 1 Ei | neutrales Öl für die Form

Für 1 Springform von 20 cm ∅ (8 Stücke) | 5 Min. Zubereitung | 20 Min. Backen | Pro Stück ca. 195 kcal, 3 g EW, 11 g F, 19 g KH

1 Den Backofen auf 180° vorheizen. Boden und Rand der Springform mit Hilfe eines Pinsels mit etwas Öl einfetten, damit sich der Boden später gut löst.

2 Die Butter in dünne Scheiben schneiden. Diese mit Mehl, Zucker und Ei in eine Schüssel geben und mit der Hand rasch zu Streuseln verkneten.

3 Die Streusel in der Springform verteilen und dann mit der Hand am Boden der Form festdrücken. Dabei darauf achten, dass der Teigboden gleichmäßig dick ist.

4 Mit dem Zeigefinger einen kleinen Rand formen. Zum Verzieren nach Belieben mit Daumen und Zeigefinger von oben Zacken in den Rand drücken.

5 Den Boden im Ofen (Mitte) in ca. 20 Min. goldgelb backen. Aus der Form lösen, mit Früchten belegen und mit Sahne oder Tortenguss fertigstellen.

TIPP

Lecker schokoladig und schön dunkel wird der Mürbeteigboden, wenn Sie mit dem Mehl noch 1 TL Kakaopulver mit in die Streusel kneten. Für einen nussigen Boden das Mehl teilweise oder ganz durch gemahlene Walnüsse, Haselnüsse oder Mandeln ersetzen.

BLITZ-RÜHRTEIG

125 g weiche Butter | 125 g Zucker | 1 Msp. gemahlene Vanille (nach Belieben) | 2 Eier | 125 g Mehl | 1 TL Backpulver | neutrales Öl und Mehl, Semmelbrösel oder gemahlene Nüsse für die Form

Für 1 Springform von 20 cm ∅ (8 Stücke) | 10 Min. Zubereitung | 30 Min. Backen |
Pro Stück ca. 255 kcal, 3 g EW, 15 g F, 27 g KH

1 Den Backofen auf 180° vorheizen. Boden und Rand der Springform mit etwas Öl einfetten. Die Form mit Mehl, Semmelbröseln oder Nüssen ausstreuen.

2 Butter, Zucker und evtl. Vanille mit den Quirlen des Handrührgeräts auf höchster Stufe cremig rühren. Eier einzeln einrühren, bis eine glatte Masse entstanden ist.

3 Mehl und Backpulver gut mischen. Die Mehlmischung ganz kurz unter die Eiermasse rühren. Den Teig in die Form füllen und glatt streichen.

4 Im Ofen (Mitte) ca. 30 Min. backen. Zur Garprobe ein Holzstäbchen in die Kuchenmitte stechen. Klebt beim Herausziehen noch Teig daran, kurz weiterbacken.

5 Den Kuchen 5 Min. ruhen lassen. Den Formrand mit einem Kuchenlöser oder Messer lösen und abnehmen. Den Kuchen stürzen und den Formboden abheben.

TIPP

Abgeriebene Zitrusschale, 1 Schuss Likör oder Rum geben dem Teig zusätzlich Aroma, Schokotropfen, -streusel und -raspel oder Trockenfrüchte einen neuen Look. Für Schokokuchen ersetzen Sie bis zu 20 g Mehl durch Kakao, für Nusskuchen bis zu 60 g Mehl durch gemahlene Nüsse oder auch Mandeln.

KNACKIG UND NUSSIG

Auch der schnellste Kuchen soll bei mir etwas hermachen. Mit diesen knusprigen Deko-Ideen peppe ich meine Backwerke im Handumdrehen auf.

MANDELKROKANT

In einer beschichteten Pfanne 2 EL Mandelblättchen (ca. 50 g) und 1 EL Zucker unter Rühren erhitzen. Sobald der Zucker schmilzt und die Mandelblättchen leicht bräunen, auf einen Teller geben und abkühlen lassen. Funktioniert auch mit grob gehackten Wal- oder Haselnüssen. Als knusprige Deko auf sahnige Torten und beerige Obstkuchen oder auch mal auf frischen Obstsalat streuen.

HAFERFLOCKENKROKANT

2 EL kernige Haferflocken in einer beschichteten Pfanne ohne Fett anrösten. Mit 1 EL Zucker und 1 Prise Zimtpulver bestreuen und unter Rühren karamellisieren lassen. Auf einem Teller abkühlen lassen. Zum Dekorieren von herbstlichen Obstkuchen oder als Crunch in Müsli und Dessert.

KEKSBRÖSEL

Kekse in einen Gefrierbeutel geben und gut verschließen. Dann mit dem Nudelholz oder mit einer Weinflasche darüberrollen und die Kekse fein zerbröseln. Die Brösel auf Kuchen, z. B. den Stachelbeer-Krümelkuchen, oder Desserts streuen.

KOKOSCHIPS UND KOKOSRASPEL

Beide sorgen für knackigen Biss und exotischen Look. Chips oder Raspel direkt auf Kuchen oder besser in noch feuchte Schokoglasur streuen. Für mehr Aroma die feinen Kokosraspel vorher in einer beschichteten Pfanne ohne Fett anrösten.

SCHOKOLADIG UND FRUCHTIG

Mit verführerischem Schmelz oder frisch und saftig: Schokolade und Früchte sind das i-Tüpfelchen auf vielen meiner Kuchen und Torten.

SCHNELLE SCHOKORASPEL

Von einem Kuvertüreblock oder von einer Tafel Zartbitter- oder weißer Schokolade mit dem Sparschäler Raspel abziehen und auf den Kuchen fallen lassen. Klappt am besten mit gekühlter Schokolade und sieht auf Sahnetorten oder Schokoguss klasse aus. Fertig gekaufte »Raspelschokolade« ist besonders bequem für schnelle Kuchenteige.

SCHOKOSPÄNE

Zartbitter- oder weiße Kuvertüre im Wasserbad schmelzen lassen. Anschließend dünn auf ein Stück Alufolie streichen, fest aufrollen und mindestens 20 Min. kühlen. Beim Entrollen der Folie zerfällt die Kuvertüre in lange Späne. Eine edle Deko für Obst- und Schokokuchen oder Sahnetorten.

SCHOKOGLASUR AUS DEM BEUTEL

Ob als schnelle Deko oder als komplette Hülle, Schokoglasur ist eine feine Sache. Besonders sauber lässt sich Glasur im Beutel schmelzen. Dafür den geschlossenen Beutel in heißes Wasser stellen und die Glasur schmelzen lassen. Jetzt eine Ecke abschneiden und die Glasur direkt auf den Kuchen träufeln. Reste im Beutel fest werden lassen und beim nächsten Mal wieder schmelzen.

GEZUCKERTE BEEREN

Johannis-, Heidel- oder Erdbeeren waschen und noch feucht in Zucker wälzen. So »vereiste« Beeren wirken toll auf Beerenkuchen und Desserts.

SCHLICHT UND FEIN

So backe ich am liebsten: einfache Rezepte, mit besten Zutaten ganz schnell gerührt. Diese schlichten Kuchen sind wahre Evergreens, denn schon bei Oma waren Rotweinkuchen, Käsekuchen und Zitronenkuchen die Helden der sonntäglichen Kaffeetafel.

SCHOKO-ROTWEIN-KUCHEN

Ein Schatz aus der Familien-Rezeptkiste! Dieser saftige Schokokuchen darf bei uns bei keiner Feier fehlen. Mit Raspelschokolade ist der Teig im Nu zubereitet.

150 g weiche Butter
125 g Zucker
3 Eier
150 g Mehl
2 TL Backpulver
1 Msp. gemahlene Vanille
1 TL Zimtpulver
1 TL Kakaopulver
60 ml Rotwein
75 g Zartbitter-Raspelschokolade (Fertigprodukt)

Für die Deko:
100 g Zartbitter-Kuchenglasur (zum Erwärmen im Beutel)
Schokospäne (siehe S. 7), nach Belieben

Außerdem:
neutrales Öl und Mehl für die Form

Bleibt lange frisch

Für 1 Springform von 20 cm ∅ (8 Stücke) | 10 Min. Zubereitung | 40 Min. Backen
Pro Stück ca. 430 kcal, 6 g EW, 27 g F, 39 g KH

1 Den Backofen auf 180° vorheizen. Die Form mit Öl einfetten und mit Mehl ausstreuen. Für den Teig Butter und Zucker mit dem Handrührgerät cremig rühren. Die Eier einzeln unterrühren, bis eine glatte Masse entstanden ist.

2 Das Mehl mit Backpulver, Vanille, Zimtpulver und Kakaopulver mischen und kurz unter den Teig rühren. Danach den Rotwein und die Raspelschokolade unterheben. Den Teig in die Form füllen, glatt streichen und im Ofen (Mitte) ca. 40 Min. backen. Anschließend herausnehmen und 5 Min. ruhen lassen. Den Kuchen dann aus der Form lösen und ganz abkühlen lassen.

3 Für die Deko die Kuchenglasur nach Packungsangabe im heißen Wasserbad oder in der Mikrowelle im Beutel schmelzen und den Kuchen damit überziehen. Zuletzt nach Belieben noch Schokospäne auf die noch weiche Kuvertüre streuen.

VARIANTE AMARETTINIKUCHEN

Dafür den Teig ohne Zimtpulver und Kakaopulver zubereiten. Den Rotwein gegen Milch und die Raspelschokolade gegen 75 g Schokotröpfchen tauschen. Zusätzlich noch 60 g Amarettini-Kekse unterheben. Den Teig in die Form füllen und wie beschrieben ca. 40 Min. backen.

KARAMELLKUCHEN

110 g Mehl | 120 g kalte Butter | 80 g brauner Zucker | 100 g Sahne | 20 g Zartbitter-Kuchenglasur (zum Erwärmen im Beutel, nach Belieben) | neutrales Öl für die Form

Süße Kindheitserinnerung

Für 1 Springform von 20 cm ∅ (8 Stücke) |
25 Min. Zubereitung | 20 Min. Backen
Pro Stück ca. 240 kcal, 2 g EW, 17 g F, 20 g KH

1 Den Backofen auf 200° vorheizen. Die Form mit Öl einfetten. Für den Teig Mehl, 100 g Butter und 30 g braunen Zucker zu Streuseln verkneten. Die Streusel in der Form verteilen und mit der Hand zu Boden und Rand formen. Den Boden dann im Ofen (Mitte) in ca. 20 Min. goldgelb backen.

2 Für den Belag die Sahne mit 20 g Butter und 50 g braunen Zucker in einer beschichteten Pfanne bei schwacher Hitze unter Rühren erhitzen. Ca. 5 Min. köcheln lassen, bis der Karamell hellbraun und dickflüssig geworden ist und sich vom Pfannenrand löst. Den Karamell auf dem Mürbeteigboden verteilen und abkühlen lassen.

3 Für die Deko nach Belieben die Kuchenglasur nach Packungsangabe im heißen Wasserbad oder in der Mikrowelle im Beutel schmelzen. Eine kleine Ecke abschneiden und den Kuchen mit feinen Schokostreifen verzieren. Fest werden lassen und den Kuchen aus der Form lösen.

SCHOKOTARTE

100 g Zartbitterschokolade | 100 g Butter | 100 g Zucker | 1 Msp. gemahlene Vanille | 100 g gemahlene Mandeln | 2 Eier | 1 EL Mehl | 1 TL Backpulver | 1 Prise Salz | Puderzucker zum Bestäuben (nach Belieben) | neutrales Öl und Mehl für die Form

Schmeckt nach Frankreich

Für 1 Springform von 20 cm ∅ (8 Stücke) | 15 Min. Zubereitung | 25 Min. Backen
Pro Stück ca. 310 kcal, 6 g EW, 24 g F, 19 g KH

1 Den Backofen auf 160° vorheizen. Die Form mit Öl einfetten und mit Mehl ausstreuen. Die Schokolade in Stücke brechen und mit der Butter in einer Schüssel über dem heißen Wasserbad schmelzen lassen. Zucker, Vanille und Mandeln einrühren. Die Eier einzeln unterrühren. Mehl, Backpulver und Salz mischen und kurz unterrühren.

2 Den Teig in die Form füllen, glatt streichen und im Ofen (Mitte) 25 – 30 Min. backen.

3 Den Kuchen herausnehmen und nach Belieben mit Puderzucker bestäuben (dafür eventuell eine Schablone verwenden). Die Schokotarte frisch aus dem Ofen, lauwarm oder abgekühlt mit Schlagsahne, Eis oder Fruchtsalat servieren.

TIPP

Im Herbst essen wir dazu noch einen fruchtigen Zwetschgensalat. Dafür 500 g Zwetschgen waschen, vierteln und entsteinen. Die Viertel in 50 ml Portwein, 70 ml Holundersaft und 100 g Zucker 30 Min. marinieren. Mit dem Saft von ½ Zitrone und 1 Msp. Zimtpulver abschmecken. Den Zwetschgensalat nach Belieben mit Walnusskrokant (siehe S. 6) bestreuen.

SAFTIGER ZITRONENKUCHEN

Eigentlich zählt Zitronenkuchen ja zu den trockenen Kuchen, aber meiner ist fruchtig und wunderbar saftig. Mein Trick: Ich tränke ihn mit frischem Zitronensaft.

125 g weiche Butter
125 g Zucker
2 Eier
1 ½ Bio-Zitronen
125 g Mehl
1 TL Backpulver
1 EL Puderzucker
Außerdem:
neutrales Öl und Mehl für die Form

Kinderliebling

Für 1 Springform von 20 cm Ø (8 Stücke) | 15 Min. Zubereitung | 35 Min. Backen
Pro Stück ca. 265 kcal, 3 g EW, 15 g F, 29 g KH

1 Den Backofen auf 180° vorheizen. Die Form mit Öl einfetten und mit Mehl ausstreuen. Für den Teig Butter und Zucker mit dem Handrührgerät cremig rühren. Die Eier einzeln unterrühren, bis eine glatte Masse entstanden ist.

2 Die Zitronen heiß waschen und abtrocknen. Die Schale von ½ Zitrone direkt in den Teig reiben, die Früchte dann auspressen. Mehl und Backpulver mischen. Die Mehlmischung und 1 EL Zitronensaft kurz unter den Teig rühren. Den Teig in die Form füllen und im Ofen (Mitte) ca. 35 Min. backen.

3 Den Kuchen herausnehmen und 5 Min. ruhen lassen. Dann aus der Form lösen und mit einem Holzstäbchen kleine Löcher in den noch warmen Kuchen stechen. Den Puderzucker mit dem restlichen Zitronensaft verrühren und mit einem Esslöffel über den Kuchen träufeln. Danach abkühlen lassen.

VARIANTE GEFÜLLTER SANDKUCHEN

Statt Zitronensaft 1 EL saure Sahne in den Teig rühren. Den Teig in die Form füllen und wie beschrieben backen. Den Sandkuchen nach dem Backen aus der Form lösen und abkühlen lassen. Dann waagerecht halbieren, den unteren Boden mit 3 EL Johannisbeergelee bestreichen und die obere Hälfte wieder auflegen. Für die Deko den Saft von ½ Zitrone mit 50 g Puderzucker zu einer dickflüssigen Glasur verrühren und den Sandkuchen damit überziehen.

KARTOFFEL-NUSS-KUCHEN MIT APRIKOSEN

200 g Kartoffeln | Salz | 6 getrocknete Aprikosen (30 g) | 4 Eier | 1 TL Rum (nach Belieben) | 100 g Zucker | ½ Bio-Limette | 70 g gemahlene Haselnüsse | 2 EL Aprikosenkonfitüre | 50 g Puderzucker | neutrales Öl und gemahlene Haselnüsse für die Form

Schön saftig

Für 1 Springform von 20 cm ∅ (8 Stücke) |
30 Min. Zubereitung | 40 Min. Backen
Pro Stück ca. 205 kcal, 5 g EW, 8 g F, 27 g KH

1 Die Kartoffeln schälen und in 1 cm große Würfel schneiden. Die Würfel in Salzwasser in ca. 10 Min. weich kochen, dann abgießen. Inzwischen die getrockneten Aprikosen fein würfeln. Die Eier trennen und die Eiweiße steif schlagen. Den Backofen auf 180° vorheizen. Den Boden der Form mit Öl einfetten und mit Haselnüssen bestreuen.

2 Kartoffeln auf einem Teller mit einer Gabel fein zerdrücken. Eigelbe, Rum und Zucker mit den Schneebesen des Handrührgeräts dickschaumig rühren. Die Limette heiß abwaschen, abtrocknen und die Schale in die Eigelbmasse reiben. Kartoffeln, Aprikosen und Nüsse einrühren, den Eischnee unterheben. Den Teig in die Form füllen, glatt streichen und im Ofen (Mitte) ca. 40 Min. backen.

3 Herausnehmen und 5 Min. ruhen lassen. Den noch warmen Kuchen dann aus der Form lösen, mit Aprikosenkonfitüre bestreichen und abkühlen lassen. Die Limette auspressen. Den Saft mit dem Puderzucker zu einer glatten Glasur verrühren und den Kuchen damit überziehen.

TIPP

Noch schneller geht's, wenn Sie eine bereits gekochte Pellkartoffel vom Vortag verwenden.

ORANGENKUCHEN MIT FRISCHKÄSEHAUBE

80 g Butter | 150 g Mehl | 1 TL Backpulver | 1 Pck. Vanillepuddingpulver (zum Kochen) | 80 g Zucker | 2 Eier | 1 Bio-Orange | 200 g Doppelrahmfrischkäse | 4 EL Puderzucker | neutrales Öl für die Form

Fruchtig und frisch

Für 1 Springform von 20 cm ∅ (8 Stücke) |
20 Min. Zubereitung | 40 Min. Backen
Pro Stück ca. 305 kcal, 5 g EW, 17 g F, 33 g KH

1 Den Backofen auf 180° vorheizen. Die Form mit Öl einfetten. Für den Teig die Butter schmelzen. Mehl, Backpulver, Puddingpulver und Zucker mischen. Geschmolzene Butter und Eier unterrühren.

2 Die Orange heiß abwaschen, abtrocknen und eine Hälfte der Schale direkt in den Teig reiben. Die andere Hälfte mit einem Zestenreißer in dünnen Streifen abziehen und beiseitelegen. Die Orange dann auspressen und den Saft in den Teig rühren. Den Teig in die Form füllen und im Ofen (Mitte) ca. 40 Min. backen.

3 Herausnehmen und 5 Min. ruhen lassen. Den Kuchen dann aus der Form lösen, auf eine Kuchenplatte stürzen und abkühlen lassen. Für den Belag Frischkäse und Puderzucker verrühren. Die Creme auf den Kuchen streichen und nach Belieben mit einem Löffelrücken wellenförmig verzieren. Mit den Orangenzesten bestreuen.

TIPP

Sie naschen am liebsten die Frischkäsehaube? Dann bereiten Sie doch gleich mehr Creme (aus 300 g Frischkäse und 6 EL Puderzucker) zu.

AMARETTO-MANDEL-TARTE

175 g Mehl | 150 g weiche Butter | 80 g Zucker | 2 Eier | 50 g gemahlene Mandeln | 1 Pck. Vanillepuddingpulver (zum Kochen) | 1 EL Mandellikör (z. B. Amaretto, ersatzweise einige Tropfen Bittermandel-Aroma) | 2 EL Mandelstifte | neutrales Öl für die Form

Für das Italien-Büfett

Für 1 Springform von 20 cm ∅ (8 Stücke) |
15 Min. Zubereitung | 25 Min. Backen
Pro Stück ca. 335 kcal, 6 g EW, 22 g F, 27 g KH

1 Den Backofen auf 180° vorheizen. Die Form mit Öl einfetten. Mehl, 100 g Butter, 30 g Zucker und 1 Ei zu Streuseln verkneten. In der Form verteilen und mit der Hand zu Boden und Rand formen.

2 Für den Belag 1 Ei trennen und das Eiweiß zu steifem Schnee schlagen. Das Eigelb mit 40 g Zucker, 50 g Butter, gemahlenen Mandeln, Puddingpulver und Mandellikör oder Bittermandel-Aroma mit den Schneebesen des Handrührgeräts cremig rühren. Zuletzt den Eischnee mit einem Schneebesen vorsichtig unterheben.

3 Die Mandelmasse auf dem Teigboden verteilen. Die Mandelstifte mit den restlichen 10 g Zucker mischen und auf die Tarte streuen. Die Tarte im Ofen (Mitte) ca. 25 Min. backen.

TIPP

Damit der Eischnee sicher gelingt, müssen die Quirle blitzsauber sein. Deshalb schlage ich den Eischnee immer zuerst. Beim Verrühren von Eigelb und anderen Zutaten darf dann ruhig etwas Eischnee an den Quirlen hängen.

BIENENSTICH

150 g weiche Butter | 150 g Zucker | 100 g gemahlene Mandeln | ½ TL gemahlene Vanille | 1 EL Honig | 2 Eier | 125 g Mehl | 1 TL Backpulver | 50 ml Milch | 2 EL Mandelblättchen (nach Belieben) | neutrales Öl für die Form

Besser als vom Bäcker

Für 1 Springform von 20 cm ∅ (8 Stücke) |
25 Min. Zubereitung | 30 Min. Backen
Pro Stück ca. 390 kcal, 7 g EW, 26 g F, 33 g KH

1 Für den Belag 100 g Butter, 100 g Zucker, gemahlene Mandeln, Vanille und Honig unter Rühren aufkochen. Die Masse kurz abkühlen lassen.

2 Inzwischen den Backofen auf 180° vorheizen. Die Form mit Öl einfetten. Für den Teig 50 g Butter und 50 g Zucker mit den Schneebesen des Handrührgeräts cremig rühren. 1 Ei einrühren, das Mehl und das Backpulver mischen und mit der Milch kurz unterrühren. Den Teig in die Form füllen und mit einem Löffel glatt streichen.

3 Das restliche Ei unter die Mandelmasse rühren. Die Masse auf dem Teig verteilen. Nach Belieben Mandelblättchen aufstreuen und den Kuchen im Ofen (Mitte) 30 Min. backen.

VARIANTE **GEFÜLLTER BIENENSTICH**

In einer Pfanne 50 g Butter, 1 Msp. gemahlene Vanille, 2 EL Milch und 100 g Zucker erhitzen. 100 g Mandelblättchen einrühren. Den Teig wie beschrieben zubereiten, in die Form füllen und die Mandelmasse darauf verteilen. Den Kuchen wie beschrieben 20 – 25 Min. backen. Dann 200 g Sahne mit 1 Päckchen Vanillesaucenpulver (ohne Kochen) steif schlagen und den waagerecht halbierten Kuchen damit füllen.

ZEBRAKUCHEN

Kaum zu glauben, wie genial einfach des Zebramuster entsteht. Wenn meine Kaffeegäste lange genug gerätselt haben, lüfte ich endlich das Geheimnis.

2 Eier
60 g Zucker
1 Prise Salz
50 g Mehl
1 TL Kakaopulver
Für die Glasur:
1 EL Zitronensaft
2 EL Puderzucker
Außerdem:
neutrales Öl und Mehl für die Form

Raffiniert

Für 1 Springform von 20 cm ∅ (8 Stücke) | 20 Min. Zubereitung | 20 Min. Backen
Pro Stück ca. 100 kcal, 3 g EW, 2 g F, 18 g KH

1 Den Backofen auf 180° vorheizen. Nur den Formboden mit Öl einfetten und mit Mehl bestreuen.

2 Für den Teig Eier, Zucker, Salz und 2 EL heißes Wasser mit den Schneebesen des Handrührgeräts hell und dickschaumig aufschlagen (Bild 1). Das Mehl ganz kurz unterrühren, bis es nicht mehr sichtbar ist. Den Teig halbieren und unter eine Hälfte vorsichtig das Kakaopulver ziehen (Bild 2).

3 In die Mitte des Formbodens 1 EL hellen Teig setzen, jedoch nicht verstreichen. Auf den hellen Teig 1 EL dunklen Teig geben. So löffelweise weiterschichten, bis beide Teige aufgebraucht sind (Bild 3). Der weiche Biskuitteig fließt von selbst auseinander und bildet so das Streifenmuster. Den Teig im Ofen (Mitte) ca. 20 Min. backen. Herausnehmen und 5 Min. ruhen lassen. Den Kuchen dann aus der Form lösen und abkühlen lassen.

4 Für die Glasur Zitronensaft und Puderzucker glatt verrühren und den Kuchen damit überziehen.

TIPP

Biskuitteig kann am besten am Formrand »hochklettern«, wenn Sie nur den Boden der Form einfetten. Da Biskuit nach dem Backen stärker als andere Teige an der Form klebt, müssen Sie den Formboden nach dem Einfetten zusätzlich mit Mehl, Semmelbröseln oder gemahlenen Nüssen bestreuen.

1

2

3

EINFACHER KÄSEKUCHEN

175 g Mehl | 100 g kalte Butter | 30 g Puderzucker | 3 Eier | 500 g Magerquark | 40 ml neutrales Öl | 150 g Zucker | 1 geh. EL Speisestärke | neutrales Öl für die Form

Schmeckt warm und kalt

Für 1 Springform von 20 cm ∅ (8 Stücke) |
20 Min. Zubereitung | 50 Min. Backen
Pro Stück ca. 385 kcal, 13 g EW, 18 g F, 42 g KH

1 Den Backofen auf 180° vorheizen. Die Form mit Öl einfetten. Für den Teig das Mehl mit Butter, Puderzucker und 1 Ei zu Streuseln verkneten. Die Streusel gleichmäßig in der Form verteilen und mit der Hand zu Boden und Rand formen.

2 Für den Belag 2 Eier trennen, die Eiweiße steif schlagen. Die Eigelbe mit Quark, Öl, Zucker und Stärke verrühren. Den Eischnee unterheben und die Masse auf dem Boden verteilen. Im Ofen (Mitte) ca. 50 Min. backen. Dann den Ofen ausschalten und den Kuchen darin abkühlen lassen. Dabei die Backofentür einen Spalt geöffnet lassen. So fällt der Kuchen nicht zusammen.

VARIANTE SPANISCHER FLAÓ

Zusätzlich 1 EL Anislikör unter die Streusel kneten. Für den Belag 2 Eier und 80 g Zucker schaumig rühren. 250 g Ziegenfrischkäse oder Magerquark, 1 TL Anissamen oder 1 TL Anislikör und die fein geschnittenen Blätter von 2 Stängeln Minze einrühren. Die Masse auf den Teig geben und mit einigen Minzeblättchen bestreuen. Den Kuchen wie beschrieben ca. 40 Min. backen, dann im Ofen auskühlen lassen.

RUSSISCHER ZUPFKUCHEN

130 g weiche Butter | 50 g Zucker | 2 Eier | 160 g Dinkelvollkornmehl | 1 gestr. TL Kakaopulver | 1 TL Backpulver | 25 g Zartbitter-Raspelschokolade (Fertigprodukt) | 250 g Magerquark | 60 g Puderzucker | 1 TL Zitronensaft | 1 Prise Salz | 1 Msp. gemahlene Vanille | 1 gestr. TL Speisestärke | neutrales Öl für die Form

Feine Kombi

Für 1 Springform von 20 cm ∅ (8 Stücke) | 25 Min. Zubereitung | 35 Min. Backen
Pro Stück ca. 310 kcal, 9 g EW, 17 g F, 30 g KH

1 Backofen auf 180° vorheizen. Die Form mit Öl einfetten. 100 g Butter, Zucker und 1 Ei mit den Schneebesen des Handrührgeräts cremig rühren. Mehl, Kakao, Backpulver und Raspelschokolade mischen, kurz unterrühren. Drei Viertel vom Teig in der Form verteilen und zu Boden und Rand formen.

2 Für den Belag 30 g Butter schmelzen. Mit dem Magerquark, 1 Ei, Puderzucker, Zitronensaft, Salz, Vanille und Stärke cremig rühren. Die Quarkmasse auf dem Boden verstreichen. Den restlichen Teig in kleine Stücke zupfen und auf der Quarkmasse verteilen. Im Ofen (Mitte) 35 – 40 Min. backen.

VARIANTE MANDARINEN-KÄSEKUCHEN

Den gesamten Teig in der Form verteilen und zu einem Boden formen. Die Quarkmasse daraufgeben. 2 – 3 Mandarinen (ca. 250 g) schälen, in Spalten teilen und auf die Quarkmasse legen. Den Kuchen wie beschrieben backen. Nach dem Backen 1 EL Orangenmarmelade erwärmen und die Mandarinen damit bepinseln.

SCHOKO-WINDBEUTEL

Kleine Windbeutel schmecken immer. Sie sind im Nu zubereitet – und meist ebenso schnell aufgefuttert. Deshalb backe ich immer gleich die doppelte Menge.

40 g Butter
75 g Weizenvollkornmehl
2 Eier

Für die Füllung:
200 g Sahne
1 Pck. Sahnefestiger
1 TL Kakaopulver
1 EL Puderzucker

Unbedingt frisch servieren

Für 16 Stück | 25 Min. Zubereitung | 20 Min. Backen
Pro Stück ca. 95 kcal, 2 g EW, 7 g F, 7 g KH

1 Alle Zutaten abwiegen und bereitstellen, denn bei Brandteig ist zügiges Arbeiten wichtig. Den Backofen auf 200° vorheizen. Ein Backblech mit Backpapier belegen.

2 Für den Teig die Butter mit ⅛ l Wasser in einem kleinen Topf aufkochen. Das Mehl auf einmal dazugeben und alles so lange mit einem Kochlöffel verrühren, bis sich der Teig als Kloß vom Topfboden löst. Den Teigkloß in eine Rührschüssel geben. Die Eier einzeln gut einrühren, bis der Teig glänzt und beim Rühren feine Spitzen bildet.

3 Mit zwei Teelöffeln 16 walnussgroße Häufchen mit etwas Abstand auf das Blech setzen. Im Ofen (Mitte) ca. 20 Min. backen. Dabei in den ersten 10 Min. die Ofentür nicht öffnen, damit die Windbeutel nicht zusammenfallen. Die Windbeutel herausnehmen und sofort mit einem scharfen Messer aufschneiden.

4 Für die Füllung die Sahne steif schlagen. dabei Sahnefestiger, Kakaopulver und Puderzucker einstreuen. Die Schokosahne mit einem Teelöffel in die Windbeutel füllen. Sofort servieren.

VARIANTE

MOKKA-ECLAIRS
Den Brandteig in einen Spritzbeutel mit großer Sterntülle füllen und 16 Streifen (ca. 6 cm lang) auf das Blech spritzen. Im Ofen (Mitte) 15 – 20 Min. backen. 1 EL Instant-Espressopulver in 2 EL kochendem Wasser auflösen und abkühlen lassen. Den Espresso mit 200 g Frischkäse, 40 g Puderzucker und nach Belieben 1 TL Kaffeelikör verrühren. In den Spritzbeutel geben und die Eclairs damit füllen. Jeweils mit 1 Cremetupfer und 1 Schoko-Mokkabohne dekorieren.

½ PINT
⅔ CUP
⅓ CUP

FRISCH UND FRUCHTIG

Ich liebe frisches Obst und Kuchen, die fruchtig schmecken. Mal sind die köstlichen Früchte im Teig verborgen und überraschen beim Anschneiden und Reinbeißen, mal sind sie nur von ein paar knusprigen Streuseln bedeckt oder zeigen sich lässig obenauf.

PREISELBEER-BUCHWEIZEN-KUCHEN

Diesen lockeren Biskuit backe ich mit nussigem Buchweizen. Kombiniert mit Preiselbeeren und Schokolade ist der fruchtige Kuchen einer meiner Lieblinge.

Für den Teig:
2 Eier
60 g Zucker
60 g Buchweizenmehl
Für Belag und Deko:
200 g Sahne
1 Pck. Sahnefestiger
120 g Wildpreiselbeeren (aus dem Glas)
2 EL Schokospäne (siehe S. 7)
Außerdem:
neutrales Öl und Buchweizenmehl für die Form

Lieblingskombi

Für 1 Springform von 20 cm ∅ (8 Stücke) | 15 Min. Zubereitung | 15 Min. Backen
Pro Stück ca. 215 kcal, 3 g EW, 11 g F, 26 g KH

1 Den Backofen auf 200° vorheizen. Nur den Formboden mit Öl einfetten und mit Buchweizenmehl bestreuen (siehe S. 20).

2 Für den Teig Eier, Zucker und 1 EL heißes Wasser mit den Schneebesen des Handrührgeräts hell und dickschaumig aufschlagen. Das Buchweizenmehl ganz kurz unterrühren, bis es nicht mehr sichtbar ist. Den Teig in die Form füllen und im Ofen (Mitte) 15 – 20 Min. backen.

3 Den Kuchen herausnehmen und 5 Min. ruhen lassen. Dann aus der Form lösen, auf eine Kuchenplatte stürzen und den Formboden mit einem Messer vorsichtig ablösen. Abkühlen lassen.

4 Für den Belag die Sahne steif schlagen, dabei nach und nach den Sahnefestiger einstreuen. Die Preiselbeeren locker unterheben. Die Preiselbeersahne auf dem Kuchen und dem Kuchenrand verstreichen. Mit den Schokospänen bestreuen.

VARIANTE CRANBERRYBISKUIT

Im Herbst schmeckt mir dieser Kuchen besonders gut mit frischen Cranberrys. Dafür 50 g frische Cranberrys waschen, trocken tupfen und mit 1 TL Zucker mischen. Die Beeren auf dem Teig verteilen und diesen wie beschrieben backen. Den abgekühlten Biskuit dann rundum mit leicht gesüßter Schlagsahne bestreichen. Cranberrys sind Kulturpreiselbeeren. Sie stammen meist aus den USA und sind größer und milder als Wildpreiselbeeren. Frisch bekommt man sie ab dem Spätherbst, getrocknet gibt es sie das ganze Jahr.

STACHELBEER-KRÜMELKUCHEN

80 g Zucker | 100 g Mehl | 1 Msp. gemahlene Vanille | 1 TL Backpulver | 50 ml neutrales Öl | 50 ml Apfelsaft | 1 Ei | 1 Glas Stachelbeeren (360 g Abtropfgewicht) | 1 Pck. Vanillepudding-pulver (zum Kochen) | ¼ l Milch | 2 Schoko-Cookies (ca. 40 g, Fertigprodukt) | neutrales Öl für die Form

Süßsaurer Genuss

Für 1 Springform von 20 cm ∅ (8 Stücke) | 20 Min. Zubereitung | 20 Min. Backen | 2 Std. Kühlen
Pro Stück ca. 205 kcal, 4 g EW, 9 g F, 26 g KH

1 Den Backofen auf 180° vorheizen. Die Form mit Öl einfetten. Vom Zucker 1 TL für den Belag beiseitestellen. Für den Teig restlichen Zucker, Mehl, Vanille und Backpulver mischen. Öl, Apfelsaft und Ei mischen, die Mehlmischung zügig unterrühren. Den Teig in die Form füllen und im Ofen (Mitte) 20 – 25 Min. backen. Auskühlen lassen.

2 Inzwischen für den Belag die Stachelbeeren abgießen und abtropfen lassen. Puddingpulver mit übrigem Zucker und 6 EL Milch glatt rühren. Die restliche Milch aufkochen, das Puddingpulver einrühren und 1 – 2 Min. kochen lassen. Die Beeren unter den noch warmen Pudding heben und den Stachelbeerpudding auf dem Kuchen verteilen.

3 Die Cookies in einen Gefrierbeutel geben und mit der Teigrolle zerbröseln. Die Brösel auf den Pudding streuen. Den Kuchen 2 – 3 Std. kühlen, dann aus der Form lösen.

TIPP

Wer's schokoladig mag, rührt noch 1 TL Kakaopulver unter die Mehlmischung.

KIRSCHKUCHEN MIT STREUSELN

1 kleines Glas Kirschen (175 g Abtropfgewicht) | ½ Pck. Vanillepuddingpulver (zum Kochen) | 1 EL Kirschwasser (nach Belieben) | 175 g Mehl | 100 g kalte Butter | 100 g Zucker | 1 Ei | neutrales Öl für die Form

Sommerkuchen

Für 1 Springform von 20 cm ∅ (8 Stücke) |
20 Min. Zubereitung | 40 Min. Backen
Pro Stück ca. 250 kcal, 3 g EW, 11 g F, 33 g KH

1 Für den Belag von den Kirschen 40 ml Saft abnehmen und mit dem Puddingpulver glatt rühren. Die Kirschen mit dem restlichen Saft in einen Topf füllen und erhitzen. Das angerührte Puddingpulver einrühren und unter Rühren aufkochen lassen. Den Pudding vom Herd nehmen und nach Belieben das Kirschwasser unterrühren. Den Pudding abkühlen lassen, dabei ab und zu umrühren.

2 Den Backofen auf 180° vorheizen. Die Form mit Öl einfetten. Für den Teig Mehl, Butter, Zucker und Ei zu Streuseln verkneten. Zwei Drittel der Streusel gleichmäßig in der Form verteilen und mit der Hand zu Boden und Rand formen.

3 Den Kirschpudding auf den Boden gießen und die restlichen Streusel darauf verteilen. Im Ofen (Mitte) ca. 40 Min. backen, bis die Streusel leicht bräunen. Den Kuchen in der Form abkühlen lassen.

TIPP

Zu diesem fruchtigen Kuchen muss bei uns unbedingt eine große Schüssel frisch geschlagene Sahne auf den Tisch!

JOHANNISBEER-BAISER-KUCHEN

Edler kann man Johannisbeeren nicht servieren. Auf das Baiser streue ich gehackte Haselnüsse; sie karamellisieren beim Backen zu feinem Krokant.

2 Eier
175 g Mehl
100 g kalte Butter
30 g Zucker
200 g Rote Johannisbeeren
100 g Puderzucker
1 EL gemahlene Haselnüsse
50 g gehackte Haselnüsse
Außerdem:
neutrales Öl für die Form

Für Süßschnäbel

Für 1 Springform von 20 cm ∅ (8 Stücke) | 20 Min. Zubereitung | 35 Min. Backen
Pro Stück ca. 310 kcal, 5 g EW, 17 g F, 34 g KH

1 Den Backofen auf 200° vorheizen. Die Form mit Öl einfetten. Die Eier trennen. Mehl, Butter, Zucker und Eigelbe zu Streuseln verkneten. Die Streusel in der Form verteilen und mit der Hand zu Boden und Rand formen. Den Boden mit einer Gabel mehrmals einstechen und im Ofen (Mitte) ca. 12 Min. vorbacken.

2 Inzwischen die Johannisbeeren, waschen, trocken tupfen und von den Rispen streifen. Die Eiweiße mit den Schneebesen des Handrührgeräts steif schlagen und gegen Ende den Puderzucker einrieseln lassen.

3 Den vorgebackenen Boden aus dem Ofen nehmen. Die gemahlenen Haselnüsse daraufstreuen und die Johannisbeeren darauf verteilen. Den Eischnee daraufstreichen und die gehackten Haselnüsse aufstreuen.

4 Die Backofentemperatur auf 160° herunterschalten und den Kuchen im Ofen (Mitte) nochmals 20 – 25 Min. backen, bis das Baiser leicht bräunt. Herausnehmen und abkühlen lassen.

TIPP **Die Schwaben nennen Johannisbeeren liebevoll »Träuble« und diesen heiß geliebten Kuchen »Träubleskuchen«. Außerhalb der Johannisbeersaison können Sie den Kuchen auch mit tiefgekühlten Roten Johannisbeeren aus dem Vorrat zubereiten. Die Beeren dafür antauen lassen, den Saft abgießen und die Beeren auf den Haselnüssen verteilen. Alternativ schmeckt der Kuchen auch mit in Stücke geschnittenem Rhabarber oder mit frischen Stachelbeeren.**

ITALIENISCHE APFELTARTE

50 g Butter | 50 g Mehl | 150 g Zucker | 50 ml Milch | ½ TL gemahlene Vanille | abgeriebene Schale von 1 Bio-Zitrone | 400 g Äpfel | 4 frische Rosmarinnadeln (nach Belieben) | neutrales Öl und Mehl für die Form

Herbstklassiker

Für 1 Springform von 20 cm ∅ (8 Stücke) | 10 Min. Zubereitung | 50 Min. Backen
Pro Stück ca. 165 kcal, 1 g EW, 6 g F, 27 g KH

1 Den Backofen auf 175° vorheizen. Die Form mit Öl einfetten und mit Mehl ausstreuen. Die Butter schmelzen und mit Mehl, Zucker, Milch und Vanille verrühren. Die Zitronenschale unterrühren.

2 Die Äpfel waschen, vierteln und das Kerngehäuse entfernen. Die Viertel mit Schale längs halbieren, dann quer in feine Scheiben schneiden. Die Äpfel unter den Teig heben. Nach Belieben den Rosmarin fein hacken und ebenfalls unterheben.

3 Den Teig in die Form füllen und im Ofen (Mitte) ca. 50 Min. backen. Herausnehmen, 5 Min. ruhen lassen, dann den Formrand ablösen. Den Kuchen mit dem Formboden auf eine Kuchenplatte stellen und warm oder kalt servieren.

TIPP

Die »Torta di mele«, wie die Italiener ihre Apfeltarte nennen, ist sehr süß und saftig. Wenn ich Gäste habe, serviere ich sie auch mal mit einem Espresso als Dessert.

TRAUBEN-SCHMAND-KUCHEN

100 g Mehl | 80 g Zucker | 1 Msp. gemahlene Vanille | 1 TL Backpulver | 50 ml neutrales Öl | 50 ml Apfelsaft | 1 Ei | 250 g kleine kernlose Weintrauben | 100 g Sahne | 1 Pck. Sahnefestiger | 1 Pck. Vanillezucker | 1 TL Puderzucker | 150 g Schmand | Zimtpulver zum Bestäuben | neutrales Öl für die Form

Fruchtig-sahnig

Für 1 Springform von 20 cm ∅ (8 Stücke) |
20 Min. Zubereitung | 20 Min. Backen
Pro Stück ca. 280 kcal, 3 g EW, 16 g F, 32 g KH

1 Den Backofen auf 175° vorheizen. Die Form mit Öl einfetten. Mehl, Zucker, Vanille und Backpulver mischen. Öl, Apfelsaft und das Ei in einer zweiten Schüssel verrühren und dann die Mehlmischung zügig unterrühren. Den Teig in die Form füllen und im Ofen (Mitte) ca. 20 Min. backen. Den Kuchen herausnehmen, 5 Min. ruhen lassen, dann aus der Form lösen und abkühlen lassen.

2 Inzwischen für den Belag die Trauben waschen, trocken tupfen und von den Stielen zupfen. Die Sahne steif schlagen, dabei Sahnefestiger, Vanillezucker und Puderzucker einstreuen. Den Schmand unterrühren und die Trauben unterheben. Die Traubencreme leicht kuppelförmig auf den abgekühlten Kuchen streichen. Mit Zimtpulver bestäuben.

TIPP

Gerade keine Traubensaison? Dann ersetzen Sie die Trauben je nach Jahreszeit durch andere klein geschnittene Früchte. Im Frühjahr z. B. schmeckt der Kuchen mit Erdbeeren, im Hochsommer mit Pfirsichen.

BIRNENTARTE

Mit dieser Tarte hat meine Freundin sogar ihre französischen Gäste überzeugt. Die Kombination aus herber Orangenmarmelade und süßer Birne ist ein echter Genuss.

175 g Mehl
100 g kalte Butter
15 g Puderzucker
1 Ei

Für Belag und Deko:
1½ EL Orangenmarmelade
1–2 Birnen
Puderzucker zum Bestäuben

Außerdem:
neutrales Öl für die Form

Macht Eindruck

Für 1 Springform von 20 cm ∅ (8 Stücke) | 25 Min. Zubereitung | 30 Min. Backen
Pro Stück ca. 215 kcal, 4 g EW, 12 g F, 23 g KH

1 Den Backofen auf 180° vorheizen. Die Form mit Öl einfetten. Für den Teig Mehl, Butter, Puderzucker und Ei zu Streuseln verkneten. Die Streusel gleichmäßig in der Form verteilen und mit der Hand zu Boden und Rand formen.

2 Für den Belag 1 EL Orangenmarmelade mit einem Löffelrücken auf den Teig streichen. Die Birnen nach Belieben schälen, dann vierteln und das Kerngehäuse entfernen. Die Birnenviertel danach längs in schmale Spalten schneiden und diese kreisförmig auf die Marmelade legen. Die Tarte im Ofen (Mitte) ca. 30 Min. backen, bis der Rand goldbraun wird.

3 Aus dem Ofen nehmen. Die restliche Orangenmarmelade mit 1 TL heißem Wasser verrühren und mit einem Backpinsel auf die Birnen streichen. Die Tarte auskühlen lassen und zum Servieren mit Puderzucker bestäuben.

TIPP

Zur Abwechslung backe ich die Tarte gerne ganz klassisch mit Äpfeln statt mit Birnen. Teig und Früchte bestreiche ich dann nicht mit Orangenmarmelade, sondern mit aromatischem Quittengelee. Wer mag, kann die Tarte auch mit feinen Linien aus geschmolzener Zartbitterkuvertüre verzieren.

CAIPIRINHA-TARTE

Diese Tarte ist bei uns der absolute Renner. Sie schmeckt bittersüß wie der gleichnamige Cocktail. Nur serviere ich sie ofenwarm, nicht eisgekühlt.

110 g Mehl
100 g kalte Butter
30 g Zucker

Für Belag und Deko:

1 Bio-Limette
2 Eier
150 g Sahne
60 g Zucker
50 ml weißer Rum
1 EL gehackte Pistazien

Außerdem:

neutrales Öl für die Form

Gebackener Cocktail

Für 1 Springform von 20 cm ∅ (8 Stücke) | 20 Min. Zubereitung | 40 Min. Backen
Pro Stück ca. 295 kcal, 4 g EW, 19 g F, 22 g KH

1 Den Backofen auf 175° vorheizen. Die Form mit Öl einfetten. Für den Teig Mehl mit Butter und Zucker zu Streuseln verkneten. Die Streusel gleichmäßig in der Form verteilen und mit der Hand zu Boden und Rand formen.

2 Für den Belag die Limette heiß abwaschen, abtrocknen und die Hälfte der Schale fein abreiben. Die andere Hälfte der Schale nach Belieben mit einem Zestenreißer in langen Streifen abziehen und für die Deko beiseitelegen. Die Limette dann auspressen.

3 Eier, Sahne, Zucker, Rum, abgeriebene Limettenschale und den Limettensaft mit dem Handrührgerät dickschaumig rühren. Dann die Eiermasse auf den Teig gießen. Die Tarte im Ofen (Mitte) 40–50 Min. backen, bis die Oberfläche leicht bräunt.

4 Herausnehmen und die Tarte mit Pistazien bestreuen. Nach Belieben zusätzlich die Limettenzesten aufstreuen, sie verstärken den Limettengeschmack noch. Ofenwarm servieren.

VARIANTE PIÑA-COLADA-TARTE

1 kleine Dose Ananasstücke (140 g Abtropfgewicht) in ein Sieb abgießen und abtropfen lassen. Dabei den Saft auffangen. Die Ananasstücke auf dem Teig verteilen. Für den Belag die Sahne gegen 150 g cremige Kokosmilch tauschen und den Limettensaft durch 30 ml Ananassaft ersetzen. Die Kokosmasse über die Ananasstücke gießen und die Tarte wie oben beschrieben backen. Nach dem Backen statt der gehackten Pistazien 4 EL Kokoschips auf die Tarte streuen.

GOLDGELBER ZWETSCHGENDATSCHI

140 g Maismehl | ½ TL Backpulver | 100 ml neutrales Öl | 50 g Magerquark | 50 g Zucker | 1 EL gemahlene Haselnüsse | 300 g Zwetschgen | 30 g weiche Butter | 1 Msp. Zimtpulver (nach Belieben) | neutrales Öl für die Form

Herbstliebling

Für 1 Springform von 20 cm ∅ (8 Stücke) | 15 Min. Zubereitung | 40 Min. Backen
Pro Stück ca. 270 kcal, 3 g EW, 19 g F, 22 g KH

1 Den Backofen auf 200° vorheizen. Die Form mit Öl einfetten. Für den Teig 100 g Maismehl mit Backpulver, Öl, Quark und 25 g Zucker von Hand oder mit den Knethaken des Handrührgeräts zu Streuseln verkneten. Die Streusel gleichmäßig in der Form verteilen und mit der Hand zu Boden und Rand formen. Die Haselnüsse aufstreuen und den Boden kurz beiseitestellen.

2 Für den Belag die Zwetschgen waschen, halbieren und entsteinen. Die Hälften mit der Schnittfläche nach oben dicht an dicht auf den Teig setzen.

3 Für die Streusel 40 g Maismehl mit 25 g Zucker, der Butter und nach Belieben dem Zimtpulver zu Streuseln verkneten. Die Streusel gleichmäßig auf den Zwetschgen verteilen und den Kuchen im Ofen (Mitte) ca. 40 Min. backen.

TIPP

Sie können das Maismehl für den Quark-Öl-Teig auch gegen Dinkel- oder Weizenmehl (ausgemahlen oder Vollkorn) tauschen. Dann sind die Streusel jedoch nicht mehr so goldfarben. Für die Farbe mische ich deshalb noch 1 TL Vanillepuddingpulver (zum Kochen) unters Mehl.

ZWETSCHGEN-MOHN-KUCHEN

1 Ei | 50 g Zucker | 1 Msp. gemahlene Vanille | 60 ml neutrales Öl | 1 TL Rum | 2 EL Zitronensaft | 90 g Mehl | 1 TL Backpulver | 1 Prise Salz | 250 g Zwetschgen | 30 g gemahlener Mohn | 1 EL Puderzucker | 1 Msp. Zimtpulver | 3 EL Butterflocken | neutrales Öl für die Form

Klassische Kombi

Für 1 Springform von 20 cm ∅ (8 Stücke) |
15 Min. Zubereitung | 30 Min. Backen
Pro Stück ca. 195 kcal, 3 g EW, 11 g F, 19 g KH

1 Den Backofen auf 175° vorheizen. Die Form mit Öl einfetten. Für den Teig Ei, Zucker und Vanille mit den Schneebesen des Handrührgeräts dickschaumig rühren. Nach und nach Öl, Rum und Zitronensaft einrühren. Mehl, Backpulver und Salz mischen und rasch unterrühren. Den Teig in die Form füllen und mit einem Löffelrücken glatt streichen.

2 Für den Belag die Zwetschgen waschen, halbieren und entsteinen. Die Hälften mit der Schnittfläche nach oben auf den Teig legen. Mohn, Puderzucker und Zimt mischen und auf die Zwetschgen streuen. Die Butterflocken daraufsetzen und den Kuchen im Ofen (Mitte) 30–35 Min. backen.

TIPP

Gemahlenen Mohn finden Sie unter der Bezeichnung »Dampfmohn« in jedem gut sortierten Supermarkt. Dieser Mohn ist mit Dampf haltbar gemacht und kommt deshalb ganz ohne Konservierungsstoffe aus. Wenn Sie nur ganze Mohnsamen bekommen, können Sie diese einfach im Blitzhacker mahlen.

BLÄTTERTEIGSCHNITTEN MIT PFLAUMENSAHNE

Die Kombination aus knusprig-blättrigem Boden, würzigem Pflaumenmus und sahniger Creme ist bei uns im Herbst der absolute Renner.

1 Rolle frischer Blätterteig (275 g, aus dem Kühlregal)
1 Ei
3 EL Hagelzucker

Für die Füllung:
3 EL Pflaumenmus (Fertigprodukt)
1 Msp. Zimtpulver
1 EL Feigen- oder Pflaumenlikör (nach Belieben)
100 g Sahne
50 g Mascarpone
2 TL Puderzucker

Ganz frisch am besten

Für 16 Stück | 15 Min. Zubereitung | 15 Min. Backen
Pro Stück ca. 125 kcal, 2 g EW, 8 g F, 11 g KH

1 Den Backofen auf 200° vorheizen. Den Blätterteig entrollen und mit dem Trennpapier nach unten auf ein Backblech legen.

2 Die Teigplatte auf dem Papier mit einem Pizzaschneider oder einem scharfen Messer in 32 gleich große Rechtecke schneiden. Das Ei verquirlen. Die Blätterteigrechtecke damit bestreichen und mit Hagelzucker bestreuen. Im Ofen (Mitte) ca. 15 Min. backen, bis sie leicht bräunen. Herausnehmen und abkühlen lassen.

3 Für die Füllung Pflaumenmus, Zimtpulver und nach Belieben Likör verrühren. Die Sahne steif schlagen, dann Mascarpone und Puderzucker unterziehen. Jeweils ½ TL Pflaumenmasse auf 16 Rechtecke streichen und je 1 TL Mascarponecreme daraufgeben. Mit den restlichen 16 Rechtecken abdecken.

VARIANTE HIMBEER-MASCARPONE-TASCHEN

Für 8 Taschen den Blätterteig auf dem Papier in 8 Rechtecke schneiden. Auf eine Hälfte der Rechtecke jeweils 1 TL Himbeerfruchtaufstrich und 1 TL Mascarpone streifenförmig verteilen. Die Ränder mit verquirltem Ei bestreichen. Die Rechtecke zu Taschen zusammenklappen und die Ränder zusammendrücken. Die Taschen mit verquirltem Ei bestreichen, mit Hagelzucker bestreuen und die Oberfläche jeweils dreimal einschneiden. Die Taschen wie oben beschrieben 15 – 20 Min. backen. Vom Blech nehmen, abkühlen lassen.

HÄNDE
WEG!

HOCH UND SAHNIG

Wenn kleine Kuchen hoch hinausgehen, sieht das einfach super aus. Wenn dann noch Sahne ins Spiel kommt, gibt es kein Halten mehr. Ob für Götter, für Italo-Freaks oder für warme Frühlingstage, hier finden Sie zum Reinbeißen schöne und raffinierte Torten.

TIRAMISU-TORTE

Bei mir kommt der Dessertklassiker aus Italien auch auf die Kaffeetafel. Dann natürlich typisch deutsch als schnuckelige Torte.

120 g weiche Butter
60 g Zucker
2 Eier
120 g Mehl
40 g Kakaopulver
1 TL Backpulver
3 EL Milch

Für Füllung und Deko:
3 TL Instant-Espressopulver
2 EL Marsala (ital. Dessertwein, nach Belieben)
40 g Zucker
250 g Mascarpone
100 g Schmand
1 TL Kakaopulver
4 Amarenakirschen (aus dem Glas, nach Belieben)
1 TL Mandelstifte (nach Belieben)

Außerdem:
neutrales Öl und Mehl für die Form

Amore mio

Für 1 Springform von 20 cm ∅ (8 Stücke) | 30 Min. Zubereitung | 20 Min. Backen
Pro Stück ca. 440 kcal, 7 g EW, 34 g F, 27 g KH

1 Den Backofen auf 200° vorheizen. Die Form mit Öl einfetten und mit Mehl ausstreuen. Für den Teig Butter und Zucker mit den Schneebesen des Handrührgeräts cremig rühren. Die Eier einzeln einrühren. Mehl, Kakaopulver und Backpulver mischen und im Wechsel mit der Milch ganz kurz unterrühren.

2 Den Teig in die Form füllen und glatt streichen. Im Ofen (Mitte) ca. 20 Min. backen. Herausnehmen und 5 Min. ruhen lassen. Den Kuchen dann aus der Form lösen und abkühlen lassen.

3 Für die Füllung das Espressopulver in 4 EL kochendem Wasser auflösen. Mit Marsala, Zucker, Mascarpone und Schmand verrühren. Den Kuchen waagerecht halbieren und den Springformrand um den Boden legen. Die Hälfte der Espressocreme daraufstreichen und die obere Hälfte wieder auflegen. Mit der restlichen Espressocreme bestreichen.

4 Für die Deko das Kakaopulver aufstreuen. Die Amarenakirschen in einem Sieb abtropfen lassen und halbieren. Die Torte nach Belieben mit Kirschhälften und Mandelstiften verzieren. Vor dem Servieren den Springformrand abnehmen.

TIPP

Den italienischen Dessertwein Marsala gibt es auch in kleinen Flaschen. Wenn Sie ihn nicht im Haus haben, verwenden Sie stattdessen einfach Amaretto, Cognac oder Weinbrand. Die Torte schmeckt noch besser und lässt sich perfekt schneiden, wenn sie 1 Tag im Kühlschrank ruhen darf. Dann erst kurz vor dem Servieren mit Kakaopulver, Kirschen und Mandelstiften verzieren.

CAFFÈ

ERDBEER-BASILIKUM-TORTE

Die ist genau richtig für den Sommer: frisch, fruchtig, leicht und im Nu gezaubert. Statt Basilikum verwende ich gerne auch mal Minze.

1 Rolle frischer Blätterteig (275 g, aus dem Kühlregal)
1 EL Hagelzucker
Für den Belag:
4 Stängel Basilikum
1 EL brauner Zucker
1 Bio-Zitrone
200 g Sahne
1 Pck. Sahnefestiger
200 g Doppelrahmfrischkäse
2 EL Puderzucker
250 g Erdbeeren

Frisch genießen

Für 1 Springform von 20 cm ∅ (8 Stücke) | 25 Min. Zubereitung | 15 Min. Backen
Pro Stück ca. 350 kcal, 5 g EW, 25 g F, 27 g KH

1 Den Backofen auf 200° vorheizen. Ein Backblech mit Backpapier belegen. Den Blätterteig entrollen und an allen Ecken Dreiecke (12 cm Grundlinie, je 10 cm Seitenlinie) abschneiden (Bild 1). Die Dreiecke auf das Backblech legen, mit etwas Wasser bepinseln und mit dem Hagelzucker bestreuen.

2 Die Form mit der Teigplatte (Trennpapier nach unten) auskleiden. Dabei Papier und Teig über den Rand hängen lassen (Bild 2). Die Form ebenfalls auf das Blech stellen. Alles im Ofen (Mitte) 15 – 20 Min. backen, bis der Teig bräunt. Den Blätterteigboden mit dem Papier aus der Form heben und abkühlen lassen.

3 Inzwischen für den Belag das Basilikum waschen und trocken schütteln. 3 Stängel mit dem braunen Zucker mit dem Pürierstab zerkleinern. Zitrone heiß abwaschen und abtrocknen. Die Schale fein abreiben, ½ Frucht auspressen. Die Sahne steif schlagen, dabei den Sahnefestiger einstreuen. Schlagsahne, Frischkäse, Puderzucker, Basilikumzucker, Zitronenschale und -saft verrühren.

4 Die Erdbeeren waschen, trocken tupfen und entkelchen. 3 schöne Früchte beiseitelegen. Ein Drittel der Beeren halbieren und auf dem Blätterteigboden verteilen. Die restlichen Beeren würfeln und unter die Basilikumcreme heben. Die Creme dann gleichmäßig auf die Erdbeeren streichen (Bild 3).

5 Die Blätterteigdreiecke am Tortenrand in die Creme stecken. Die übrigen Erdbeeren halbieren und dazwischenstecken. Die Blätter von 1 Stängel Basilikum abzupfen und darüberstreuen.

1

2

3

HIMBEER-SCHICHTTORTE

Erst schichten, dann genießen. Je nach Anlass verziere ich diese leuchtende Torte auch mit kleinen Schokomotiven, z. B. mit einer Spinne zu Halloween.

2 Eier
60 g Zucker
1 Prise Salz
75 g Mehl
Für Füllung und Belag:
200 g Himbeergelee
3 EL gekühlter Kirschsaft
1 Pck. Instant-Gelatine (für ¼ l Flüssigkeit)
50 g Sahne
4 EL Kokosraspel
80 g Doppelrahmfrischkäse
2 EL Zucker
50 g Himbeeren (ersatzweise 20 g Zartbitter-Kuchenglasur zum Erwärmen im Beutel)
Zuckerdeko (nach Belieben)
Außerdem:
neutrales Öl und Mehl für die Form

Macht Eindruck

Für 1 Springform von 20 cm ∅ (8 Stücke) | 30 Min. Zubereitung | 15 Min. Backen | 30 Min. Kühlen
Pro Stück ca. 240 kcal, 4 g EW, 9 g F, 35 g KH

1 Den Backofen auf 180° vorheizen. Nur den Formboden mit Öl einfetten und mit Mehl bestreuen (siehe S. 20). Für den Teig Eier, Zucker, Salz und 2 EL heißes Wasser mit dem Handrührgerät hell und dickschaumig schlagen. Das Mehl nur ganz kurz unterrühren, bis es nicht mehr sichtbar ist.

2 Den Teig in die Form füllen und im Ofen (Mitte) ca. 15 Min. backen. Zur Garprobe mit einem Finger auf die Oberfläche drücken. Federt sie leicht zurück, ist der Kuchen durchgebacken. Herausnehmen und 5 Min. ruhen lassen. Den Kuchen dann aus der Form lösen, waagerecht halbieren und beide Hälften auskühlen lassen.

3 Für die Füllung den Boden mit 3–4 EL Himbeergelee bestreichen, dann die obere Hälfte wieder auflegen. Das restliche Himbeergelee in einem Topf leicht erwärmen und den Kirschsaft einrühren. Danach die Instant-Gelatine mit einem Schneebesen gut unterrühren (siehe S. 59). Den Himbeerguss beiseitestellen.

4 Die Sahne steif schlagen, dann 2 EL Kokosraspel, Frischkäse und Zucker einrühren. Die Torte mit der Creme überziehen. Den Himbeerguss auf die Mitte der Torte gießen und nach allen Seiten leicht verlaufen lassen. Die Torte ca. 30 Min. kühl stellen, bis der Himbeerguss geliert ist.

5 Die Torte mit Himbeeren, übrigen Kokosraspeln und nach Belieben Zuckerdeko verzieren. Ersatzweise die Kuchenglasur nach Packungsangabe im heißen Wasserbad oder in der Mikrowelle im Beutel schmelzen. Eine kleine Ecke abschneiden und die Torte damit verzieren. Die Torte bis zum Servieren kühlen.

LECKER!

GÖTTERTORTE

Mit dieser Torte habe ich meine Kinder überrascht. Sie sieht toll aus und schmeckt einfach göttlich! Dann war die Torte allerdings auch ganz schnell weg.

1 Pck. Himbeer-Götterspeisen-pulver (zum Kochen für ½ l Flüssigkeit)
60 g Zucker
100 g Doppelrahmfrischkäse
200 g Sahne

Für den Boden:

60 g Butter
100 g Löffelbiskuits

Für kleine und große Götter

Für 1 Springform von 20 cm ∅ (8 Stücke) | 30 Min. Zubereitung | 4 Std. Kühlen
Pro Stück ca. 260 kcal, 4 g EW, 18 g F, 18 g KH

1 Das Götterspeisenpulver mit dem Zucker und 300 ml Wasser verrühren. Dann 10 Min. quellen lassen.

2 Für den Boden die Butter schmelzen. Die Löffelbiskuits in einen Gefrierbeutel geben, verschließen und mit der Teigrolle fein zerbröseln. Die Biskuitbrösel mit der geschmolzenen Butter mischen. Den Springformrand auf eine Kuchenplatte stellen. Von den Biskuitbröseln 2 EL abnehmen und für die Deko beiseitestellen. Die restlichen Brösel in der Form verteilen und mit einem Löffelrücken gut andrücken. Den Boden bis zur Verwendung kühlen.

3 Die Götterspeise unter Rühren erhitzen, bis sich Pulver und Zucker gelöst haben. Dabei jedoch nicht kochen lassen. 100 ml Götterspeise in einen tiefen Teller gießen und abkühlen lassen. Dann im Kühlschrank in ca. 1 Std. 30 Min. vollständig gelieren lassen.

4 Die restliche Götterspeise mit dem Frischkäse verrühren und in eine flache Schale gießen. Im Kühlschrank ca. 30 Min. abkühlen lassen, bis die Creme kalt, aber noch nicht fest ist. Die Sahne steif schlagen und unterheben. Die Creme auf den Bröselboden streichen und die Torte ca. 2 Std. kühl stellen.

5 Den Springformrand von der Torte lösen und abnehmen. Die gelierte Götterspeise auf dem Teller in Quadrate schneiden und auf die Torte legen. Den Tortenrand mithilfe eines Messers mit den restlichen Biskuitbröseln verzieren.

SCHOKO-KUPPELTORTE

Schokolade und Melone mochten sich schon immer. Hier bringe ich das delikate Paar in einem raffinierten kleinen Sahnehügel zusammen.

100 g weiche Butter
70 g Zucker
2 Eier
140 g gemahlene Mandeln
20 g Kakaopulver
1 TL Backpulver
2 EL Zartbitter-Raspelschokolade (Fertigprodukt)

Für den Belag:

200 g Sahne
1 Pck. Sahnefestiger
1 Pck. Vanillezucker
½ TL Kakaopulver
1 TL Rum (nach Belieben)
150 g Honigmelone

Außerdem:

neutrales Öl und gemahlene Mandeln für die Form

Für Schokofans

Für 1 Springform von 20 cm ∅ (8 Stücke) | 30 Min. Zubereitung | 25 Min. Backen
Pro Stück ca. 385 kcal, 7 g EW, 31 g F, 20 g KH

1 Den Backofen auf 180° vorheizen. Die Form mit Öl einfetten und mit gemahlenen Mandeln ausstreuen. Für den Teig Butter und Zucker mit den Schneebesen des Handrührgeräts cremig rühren. Die Eier einzeln einrühren. Mandeln, Kakaopulver, Backpulver und Raspelschokolade mischen und ganz kurz unter die Eiermasse rühren.

2 Den Teig in die Form füllen und glatt streichen. Im Ofen (Mitte) ca. 25 Min. backen. Herausnehmen und 5 Min. ruhen lassen. Den Kuchen dann aus der Form lösen und auf einem Kuchengitter abkühlen lassen. Danach mit einem Löffel aushöhlen, dabei an Boden und Rand ca. 1 cm Kuchen stehen lassen.

3 Für den Belag die Sahne steif schlagen, dabei Sahnefestiger, Vanillezucker und Kakaopulver einstreuen. Nach Belieben den Rum einrühren und drei Viertel der Kuchenbrösel unterheben.

4 Die Melone schälen, entkernen und das Fruchtfleisch quer in dünne Scheiben schneiden. Die Scheiben auf dem ausgehöhlten Tortenboden verteilen und die Bröselsahne kuppelförmig daraufstreichen. Die Torte mit den restlichen Kuchenbröseln bestreuen.

VARIANTE SCHOKO-BIRNEN-KUPPEL

Im Herbst und Winter schmeckt der Kuchen mit Birne statt mit Melone. Dafür 1 Birne schälen, vierteln und das Kerngehäuse entfernen. Die Viertel quer in dünne Scheiben schneiden und auf dem Tortenboden verteilen. Alle Kuchenbrösel unter die Schlagsahne heben und diese kuppelförmig auf die Torte häufen. Mit Schokospänen (siehe S. 7) dekorieren.

BIRNEN-MARACUJA-TORTE

Statt klassischer Apfel-Wein-Torte gibt's bei mir oft diese flotte Kombination aus Maracuja und Birne. Ganz modern und ganz ohne Alkohol.

175 g Mehl
75 g kalte Butter
15 g Puderzucker
1 Ei

Für den Belag:
1 Pck. Vanillepuddingpulver (zum Kochen)
125 g Zucker
375 ml Maracujanektar
2 Birnen (ca. 250 g)
200 g Sahne
3 EL Haselnusskrokant (Fertigprodukt)

Außerdem:
neutrales Öl für die Form

Cremig-fruchtig

Für 1 Springform von 20 cm ∅ (8 Stücke) | 25 Min. Zubereitung | 45 Min. Backen | 1 Std. Kühlen
Pro Stück ca. 360 kcal, 4 g EW, 17 g F, 47 g KH

1 Den Backofen auf 180° vorheizen. Die Form mit Öl einfetten. Für den Teig Mehl, Butter, Puderzucker und Ei zu Streuseln verkneten. Die Streusel gleichmäßig in der Form verteilen und mit der Hand zu Boden und Rand formen.

2 Für den Belag Puddingpulver und Zucker mit 100 ml Maracujanektar glatt rühren. Den restlichen Maracujanektar aufkochen, das Puddingpulver einrühren und 1–2 Min. kochen lassen. Den Pudding vom Herd nehmen, ab und zu durchrühren.

3 Die Birnen schälen, vierteln und das Kerngehäuse entfernen. Die Viertel längs halbieren und die Spalten auf dem Teig verteilen. Den Pudding darübergießen und den Kuchen im Ofen (Mitte) ca. 45 Min. backen. Herausnehmen und den Kuchen mindestens 1 Std. in der Form abkühlen lassen. Danach aus der Form lösen.

4 Zuletzt die Sahne steif schlagen und auf den Kuchen streichen. Die Torte mit Haselnusskrokant bestreuen.

TIPP

Kein Haselnusskrokant im Haus? Dann streuen Sie doch einfach gemahlene Haselnüsse oder gehackte Pistazien auf die Torte. Oder noch besser: Rösten Sie schnell eine Portion knusprigen Mandel- oder Haferflockenkrokant (siehe S. 6). Das ist einer meiner Deko-Favoriten.

FRÜHLINGSTORTE

Meine Frühlingstorte kommt leicht und schlank daher – mit vielen Früchten und Fruchtsaft. Ideal für einen Kaffeeklatsch mit Freundinnen im Garten.

1 Pck. Instant-Gelatine
(für ½ l Flüssigkeit)
300 ml gekühlter Apfelsaft
2 ½ gekühlte Orangen
120 g Früchtemüslimischung
(Fertigprodukt)
100 g Mascarpone
300 g TK-Himbeeren
2 EL Haferflockenkrokant
(siehe S. 6)
Außerdem:
2 EL Mandelblättchen
für die Form

Ohne Backen

Für 1 Springform von 20 cm ∅
(8 Stücke) |
20 Min. Zubereitung |
3 Std. Kühlen
Pro Stück ca. 185 kcal,
4 g EW, 9 g F, 23 g KH

1 Die Springform in den Kühlschrank stellen. Die Instant-Gelatine mit einem Schneebesen sorgfältig in den Apfelsaft rühren. Den Saft dann kühl stellen.

2 Für den Boden die Form mit Mandelblättchen ausstreuen. ½ Orange auspressen und den Saft mit Müslimischung und Mascarpone verkneten. Die Müslimasse mit dem Rücken eines angefeuchteten Esslöffels sorgfältig auf dem Boden der Form verstreichen. Dabei darauf achten, dass der Rand gut abschließt.

3 Die restlichen Orangen schälen, in dünne Scheiben schneiden und auf den Müsliboden legen. Die tiefgekühlten Himbeeren darauf verteilen. Den Apfelsaft löffelweise über die Himbeeren träufeln, damit er schneller geliert.

4 Die Torte ca. 3 Std. in den Kühlschrank stellen und fest werden lassen. Danach aus der Form lösen und nach Belieben mit Haferflockenkrokant bestreuen.

TIPP

Instant-Gelatine lässt sich einfacher verarbeiten und gelingt sicherer als gewöhnliche Gelatine. Sie muss bei der Verarbeitung nicht erwärmt werden und es entstehen auch keine Klümpchen. Das weiße Pulver wird nur sorgfältig mit einem Schneebesen in die jeweilige Flüssigkeit eingerührt und dann kalt gestellt. Da die unterschiedlichen Hersteller verschiedene Packungsgrößen anbieten, achten Sie beim Kauf unbedingt auf die angegebene Flüssigkeitsmenge.

REGISTER

Damit Sie Rezepte mit bestimmten Zutaten noch schneller finden, sind in diesem Register auch beliebte Zutaten wie **Frischkäse** oder **Mandeln** alphabetisch eingeordnet und hervorgehoben. Darunter finden Sie das Rezept Ihrer Wahl.

Projektleitung: Verena Kordick
Lektorat: Petra Teetz
Korrektorat: Waltraud Schmidt
Innen- und Umschlaggestaltung: independent Medien-Design, Horst Moser, München
Illustrationen: Julia Hollweck
Herstellung: Sigrid Frank
Satz: Kösel, Krugzell
Reproduktion: Repro Ludwig, Zell am See
Druck und Bindung: Schreckhase, Spangenberg
Syndication: www.jalag-syndication.de

4. Auflage 2015
ISBN 978-3-8338-3965-8
Printed in Germany

www.facebook.com/gu.verlag

GRÄFE UND UNZER
Ein Unternehmen der GANSKE VERLAGSGRUPPE

Die Autorin

Karola Wiedemann ist Diplom-Haushaltsökonomin und weiß als Schwäbin auch mit ihrer Zeit gut hauszuhalten. Schnelle und dennoch köstliche und raffinierte Rezepte sind daher ihre Spezialität. Die passionierte Köchin und Bäckerin arbeitete als Redakteurin bei verschiedenen Zeitschriften und ist inzwischen auch als freie Autorin erfolgreich.

Das Fototeam

Die Fotografinnen **Ulrike Schmid** und **Sabine Mader** arbeiten zusammen als das Team **Fotos mit Geschmack**. Für dieses Buch verwandelten sie ihr Studio in eine duftende Backstube und rückten einen kleinen Kuchen nach dem anderen stimmungsvoll ins Rampenlicht.

Bildnachweis

Titelfoto: Anke Schütz, Buxtehude; Autorenfoto: Food & Nude Photography, Münster; alle anderen Fotos: Fotos mit Geschmack

Titelrezept

Tiramisu-Torte (S. 46)

Umwelthinweis:
Dieses Buch ist auf PEFC-zertifiziertem Papier aus nachhaltiger Waldwirtschaft gedruckt.

QUALITÄTS G|U GARANTIE

Liebe Leserin, lieber Leser,

haben wir Ihre Erwartungen erfüllt? Sind Sie mit diesem Buch zufrieden? Haben Sie weitere Fragen zu diesem Thema? Wir freuen uns auf Ihre Rückmeldung, auf Lob, Kritik und Anregungen, damit wir für Sie immer besser werden können.

GRÄFE UND UNZER Verlag
Leserservice
Postfach 86 03 13
81630 München
E-Mail:
leserservice@graefe-und-unzer.de

Telefon: 00800 / 72 37 33 33*
Telefax: 00800 / 50 12 05 44*
Mo–Do: 8.00–18.00 Uhr
Fr: 8.00–16.00 Uhr
(gebührenfrei in D, A, CH)*

Ihr GRÄFE UND UNZER Verlag
Der erste Ratgeberverlag – seit 1722.

Backofenhinweis:
Die Backzeiten können je nach Herd variieren. Die Temperaturangaben in unseren Rezepten beziehen sich auf das Backen im Elektroherd mit Ober- und Unterhitze und können bei Gasherden oder Backen mit Umluft abweichen. Details entnehmen Sie bitte Ihrer Gebrauchsanweisung.

KLEINE EXPRESS-TEILCHEN

Zaubern Sie mit einfachen Zutaten aus dem Vorrat im Handumdrehen süße Kleinigkeiten zum Kaffee.

KEKS-SANDWICHES

Für 15 Stück: 200 g Doppelrahmfrischkäse mit 100 g griechischem Joghurt (10 % Fett), 1 TL Zitronensaft und nach Belieben 1 EL Ahornsirup glatt verrühren. 1 – 2 Kiwis schälen und in dünne Scheiben schneiden. 15 Butterkekse (100 g) jeweils mit 1 TL Frischkäsecreme bestreichen und mit 1 – 2 Kiwischeiben belegen. Die restliche Creme auf die Kiwis streichen und mit 15 Butterkeksen (100 g) zu Sandwiches zusammensetzen. Vor dem Servieren 1 Std. kalt stellen. Die Sandwiches nicht über Nacht aufbewahren, sonst werden die Kekse weich.

VANILLE-AMARENA-KRINGEL

Für 12 Stück: Den Backofen auf 180° vorheizen. Für den Teig 60 g weiche Butter mit 30 g saurer Sahne (1 – 2 EL), 30 g Puderzucker (3 EL), ½ TL gemahlener Vanille und 70 g Mehl mit dem Handrührgerät verrühren.
12 Muffin-Papierförmchen auf ein Backblech setzen. Den Teig in eine Kekspresse oder einen Spritzbeutel mit großer Sterntülle füllen und in jedes Förmchen einen Kringel spritzen.
3 Amarenakirschen (aus dem Glas) vierteln und die Kirschstücke auf die Kringel setzen. Die Kringel im Ofen (Mitte) in ca. 15 Min. goldgelb backen.

KNUSPRIGE BUTTERPLÄTZCHEN

Für 9 Stück: Den Backofen auf 200° vorheizen. Ein Backblech mit Backpapier oder Dauerbackfolie belegen. Für den Plätzchenteig 50 g Butter schmelzen, in eine Schüssel füllen und leicht abkühlen lassen. Die geschmolzene Butter mit 50 g Zucker, 1 Prise Salz und 1 Ei cremig rühren. Danach 100 g Mehl und 80 ml Milch unterrühren. Jeweils 1 EL Teig mit etwas Abstand auf das Blech setzen. Die Plätzchen im Ofen (Mitte) ca. 10 Min. backen, bis sie am Rand bräunen. Vom Blech heben und auf einem Kuchengitter abkühlen lassen.